SOMMAIRE

LES DÉBUTS DE LA CONQUÊTE ROMAINE

Au cours des IIe et Ier siècles av. J.-C., des conflits éclatent entre les Phocéens, habitants de Marseille, et des peuples gaulois unis – Arvernes, Allobroges, Saliens – qui tentent de s'emparer de la cité phocéenne. A la demande des Phocéens, les Romains interviennent en Gaule vers 125 av. J.-C. Cette date marque le début de la conquête romaine.

Un bateau romain à quai. Des débardeurs gaulois déchargent diverses marchandises. Dessin de Bernard Nicolas.

La création de Narbonne...

Vers 125 av. J.-C., les armées romaines occupent le midi de la Gaule (Provence, Languedoc, Roussillon, vallée du Rhône, Alpes). A partir de 118 av. J.-C., Narbonne devient colonie romaine sous le nom de *Narbo Martius*.

Des citoyens romains originaires d'Italie s'y installent, des lots de terre leur sont distribués. Des commerçants romains s'attribuent le monopole du commerce, des garnisons occupent les lieux.

Narbonne est à la fois un port et un carrefour de voies terrestres. Le commerce y est actif : sel, vin, céréales, fruits, huile, textiles, objets fabriqués en céramique ou en verre...

La plupart des épaves, même parmi les plus anciennes, contenaient des cargaisons d'amphores qui permettaient le transport des denrées : vin, huile... et qui témoignaient d'échanges maritimes variés.

... et celle de la Narbonnaise

En 27 av. J.-C., l'**empereur** Auguste crée la province de la Narbonnaise. Il définit ses limites ainsi que celles de chaque **cité** qui la compose. La capitale, où réside le gouverneur de la province élu par le **Sénat** de Rome, est Narbonne. Chaque année, les délégués de chaque **cité** s'y réunissent pour rendre un culte à l'**empereur** et exposer leurs problèmes.

Épave retrouvée lors des fouilles du port romain de Massalia (Marseille).

Le premier port des Gaules

Si l'on en croit l'écrivain latin Strabon, Narbonne est devenue le premier port des Gaules. Un fleuve permet aux embarcations légères de remonter jusqu'au cœur de la ville. Mais ce sont les avant-ports, sur la côte maritime, qui sont les plus importants pour le commerce.

CÉSAR ET VERCINGÉTORIX

Les conflits entre les peuples gaulois s'amplifient et, en 58 av. J.-C., César profite de la situation pour envahir l'ensemble de la Gaule.

Jules César. Musée du Capitole, Rome (Italie).

Des troupes romaines assiègent une forteresse gauloise. Au premier plan, des engins permettant de lancer des pierres ou des traits enflammés. Des fantassins avancent, à l'abri de tours roulantes. Des cavaliers s'engagent dans une brèche. Dessin de Bernard Nicolas.

Jules César à la conquête de la Gaule

Jules César décide d'entreprendre la conquête de la Gaule. Il organise l'armée romaine pour la rendre puissante.

Il la divise en **légions** composées de fantassins et de cavaliers. Il la dote d'un matériel de guerre efficace, comprenant des balistes et des catapultes qui lancent loin de lourds projectiles. Il dresse des fortifications et des camps retranchés.

Des bêtes de somme et des chariots transportent les bagages de l'armée en campagne. Des milliers de serviteurs suivent le convoi.

De 58 à 52 av. J.-C., Jules César combat tour à tour les Helvètes, les Suèves, les Belges, les Armoricains, les Vénètes et les Morins. Enfin, il pénètre en Germanie (région d'Europe au nord-est de la Gaule).

Vercingétorix et la résistance gauloise

En 52 av. J.-C., les peuples gaulois du centre de la Gaule, jusque-là opposés, décident de s'unir pour résister à l'invasion grandissante des Romains.

Ils prennent pour chef Vercingétorix. Après plusieurs échecs, celui-ci inflige à César une grave défaite devant Gergovie (près de Clermont-Ferrand). Mais César écrase la cavalerie gauloise près de Dijon et Vercingétorix est obligé de faire retraite dans Alésia (probablement l'actuelle Alise-Sainte-Reine en Côte-d'Or) avec ses hommes. Réduit à la famine, il doit se rendre à César après deux mois de siège. Il est amené à Rome pour assister au triomphe de son vainqueur et meurt étranglé dans sa prison. En 50 av. J.-C., César supprime les derniers rebelles gaulois. La Gaule est définitivement soumise...

Vercingétorix. Portrait du jeune chef gaulois sur une monnaie des Arvernes.

LA « ROMANISATION » DE LA GAULE

Buste d'Auguste, empereur romain de 27 av. J.-C. à 14 ap. J.-C. On peut remarquer le drapé du haut de la toge maintenu par une fibule.

César et, après lui, l'empereur Auguste vont tout mettre en œuvre pour imposer la paix romaine (*pax romana* en latin), garantir l'ordre et organiser le territoire conquis. Une véritable « romanisation » de la Gaule va avoir lieu.

La Gaule romaine à l'époque d'Auguste. La constitution de ces « Trois Gaules » – Aquitaine, Lyonnaise et Belgique – est due à Auguste.

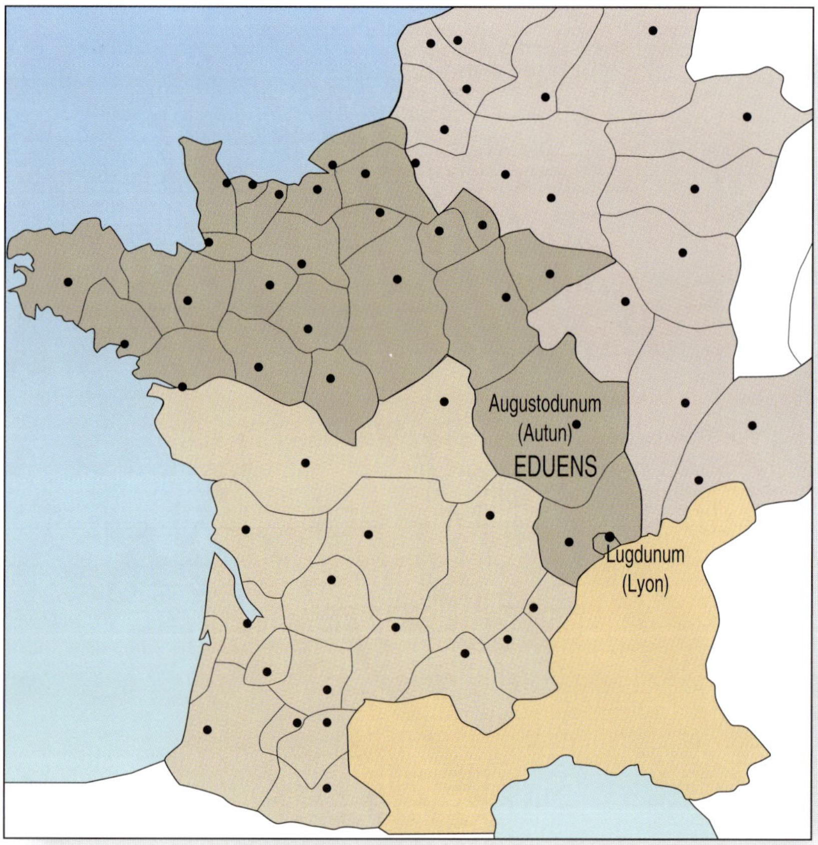

Belgique
Lyonnaise
Aquitaine
Narbonnaise
Chef-lieu de cité
Exemple : Augustodunum est chef-lieu de la cité des Éduens.

Provinces romaines

En 27 av. J.-C., Auguste fixe les bases administratives de la Gaule romaine. Le pays est divisé en quatre provinces. La Narbonnaise reste à part. L'Aquitaine au sud-ouest, la Celtique ou Lyonnaise au centre, la Belgique au nord constituent les « Trois Gaules » avec, pour capitale, Lugdunum (Lyon). Là réside le gouverneur, représentant de l'**empereur.**

Routes et villes

Un réseau de routes est aménagé sur l'ensemble de la Gaule pour faciliter les échanges et permettre le déplacement des **légions** romaines. Des villes, gérées par l'administration romaine, sont créées. Des Gaulois possesseurs de riches propriétés y résident. Ils ne tardent pas à adopter le mode de vie, les coutumes et la culture des occupants. C'est ainsi que l'on parle de « civilisation gallo-romaine » pour qualifier les façons de vivre de cette période.

Le « Trophée des Alpes » à la Turbie (Alpes-Maritimes). Monument élevé en 7-6 av. J.-C. pour célébrer les conquêtes d'Auguste. Il commémore la pacification des peuples des vallées alpestres. L'inscription énumère les populations soumises du val d'Aoste à la Méditerranée.

Mode vestimentaire

Les Gaulois des villes adoptent progressivement le costume drapé romain.

Les gens du peuple, suivant la mode romaine, revêtent la tunique et un manteau de laine souple et long. Les sénateurs et les magistrats portent la **toge**, pièce d'étoffe longue sans coutures.

Les chaussures sont variées. Elles ont souvent une semelle épaisse et dure et sont attachées par des lanières de cuir ou d'étoffe.

La résistance à la « romanisation »

Cette romanisation ne se fait pas sans difficultés. Il faut dire que les Gaulois subissent une véritable dictature militaire : les soldats ont en effet sur eux droit de vie et de mort. De plus, la population doit payer en impôt des sommes importantes.

On assiste alors, du Ier au IIIe siècle, à de violentes révoltes de paysans ou de nobles gaulois. Les **légions** romaines interviennent chaque fois et massacrent les insurgés.

LA VILLE GALLO-ROMAINE

La ville est un des éléments majeurs de l'emprise romaine. Centre politique et administratif, elle est souvent édifiée pour célébrer la gloire d'un empereur romain. Les riches participent activement à son développement.

Évocation de la ville d'Arles (Bouches-du-Rhône) au IIIe siècle. Aquarelle de J.-C. Golvin.

L'aménagement de la ville gallo-romaine

La ville gallo-romaine, construite en général sur une colline, est entourée d'un rempart flanqué de tours et percé de portes. Celles-ci sont fermées la nuit.

L'intérieur de la ville est organisé à partir de deux voies principales perpendiculaires d'où part un réseau de rues. Certaines sont pavées, d'autres simplement recouvertes de gravier. Outre les habitations, les boutiques, les ateliers, la ville comprend le forum, des temples, des **thermes,** un **théâtre** et un amphithéâtre.

La ville gallo-romaine, commerçante et artisanale avant tout, se dote parfois d'une université. Celle-ci est fréquentée par les nobles gaulois désireux d'accéder à de hautes fonctions administratives.

Demeures de riches, maisons de pauvres

Les habitants sont regroupés par quartiers, selon leur rang social et leur activité.

Les riches demeures dominent la ville. De grandes dimensions, elles sont en pierre de taille, parfois en marbre, calquées sur le modèle romain : des pièces donnant sur une galerie à colonnes entourent une cour carrée.

Les pauvres s'entassent dans des maisons de petites dimensions. Elles sont construites le plus souvent en bois et torchis. Ce sont à la fois des lieux d'habitation et d'activités artisanales. Sur un espace très réduit, on trouve côte à côte la boutique du boulanger, du charcutier, du marchand d'huile et de vin...

Les habitations des riches comme celles des pauvres comportent parfois un étage. Celui-ci repose sur des piliers formant une sorte de portique au-dessus du trottoir.

Vaison-la-Romaine (Vaucluse) : le portique de Pompée, le mur d'enceinte et la colonnade.

Le forum

Le forum est la place publique centrale où se tiennent les assemblées du peuple, où se déroulent les cérémonies officielles, où se discutent les affaires publiques. Il est entouré d'une galerie ouverte qui abrite bureaux et boutiques. Le forum comprend aussi une basilique, édifice rectangulaire qui sert de tribunal ou de lieu de rendez-vous pour les gens d'affaires.

La rue des boutiques traverse le quartier riche de Vaison-la-Romaine.

DES MONUMENTS PRESTIGIEUX

Comme marque de puissance, les Romains ont doté les villes gallo-romaines de monuments prestigieux.

La « Maison carrée » de Nîmes (Gard) est le temple le mieux conservé du monde gallo-romain.

Les temples

A proximité du forum ou en d'autres endroits de la ville, se dressent des temples, témoins d'une activité religieuse importante. Construits selon différents plans, ce sont de grands espaces clos bordés de colonnes à l'intérieur desquels les Gallo-Romains honorent leurs dieux. Le plus souvent surélevés, on y accède par un escalier frontal. La plupart renferment des autels.

Les mausolées

Un des phénomènes remarquables est la construction de grands mausolées : tombeaux monumentaux qui attestent de la puissance financière des classes dirigeantes. Le plus singulier est sans doute celui de Glanum dont l'ornementation illustre les hauts faits d'un Gaulois engagé dans l'armée de César, qui devint citoyen romain et fondateur d'une grande famille : les Juli.

Le mausolée de Glanum (Saint-Rémy-de-Provence, Bouches-du-Rhône). La frise du socle relate l'action de ce héros et les origines de sa famille. Au-dessus on peut voir un arc à quatre baies et au troisième niveau une tour ronde abrite les statues de deux défunts.

Les monuments de spectacle

Les monuments destinés au spectacle sont très nombreux et grandioses, quoique très coûteux.

Les **théâtres** sont de vastes édifices semi-circulaires à gradins étagés, occupés au centre par une scène. Celle-ci est limitée à l'arrière par un mur monumental orné de statues. Dans une niche au centre du mur du **théâtre** d'Orange se dresse la statue de l'**empereur.** A l'intérieur même du mur, des corridors et des portes permettent l'accès à la scène durant le spectacle.

On donne, dans ces **théâtres,** des genres de spectacles de cirque. Les spectateurs sont disposés sur les gradins selon leur rang social.

Dans les amphithéâtres circulaires renfermant une arène, sont proposés des spectacles de **gladiateurs,** des combats d'animaux, des exécutions de condamnés, des courses de chars et de chevaux...

Les deux plus célèbres sont ceux de Nîmes et d'Arles. Pouvant contenir jusqu'à 20 000 spectateurs, ils sont constitués de deux rangs superposés d'arcades, celles du premier niveau permettant l'accès aux galeries et aux escaliers qui tiennent lieu de places.

Ces monuments témoignent du pouvoir des jeux dans la société romaine et de la vogue des spectacles sanguinaires.

L'amphithéâtre de Nîmes (Gard).

D'autres monuments

Il existe bien d'autres monuments dans les villes gallo-romaines : des arcs de triomphe dont le décor somptueux affirme la puissance militaire de Rome et rappelle aux Gaulois vaincus que toute résistance est inutile – enchaînement de captifs sculptés sur l'arc de Glanum, panneaux de dépouilles et de trophées sur celui d'Orange... ; des portes ; des odéons, bâtiments réservés à la musique... ; des tours comme la tour Magne à Nîmes...

Le théâtre d'Orange (Vaucluse) possède encore son mur de scène avec, dans une niche, la statue de l'empereur.

LA MAÎTRISE DE L'EAU

L'évolution la plus importante de l'époque gallo-romaine est sans aucun doute l'approvisionnement en eau des villes : celui-ci modifie considérablement les habitudes de vie des habitants en procurant confort et hygiène. Ainsi apparaissent des réalisations grandioses comme les ponts-aqueducs et les thermes dont certains sont encore visibles.

Le pont du Gard, long de 273 m, est, avec ses 48,30 m de hauteur sur trois étages, le plus haut pont romain, mais il n'est qu'un maillon d'un aqueduc gigantesque qui conduit l'eau de sources captées à Uzès jusqu'à Nîmes, soit une distance de 50 km environ.

Les aqueducs

Puits, citernes et sources fournissent en quantité peu importante l'eau dans les petites **cités.** Selon les historiens, les habitants des villes gallo-romaines en consomment beaucoup. Aussi est-il nécessaire de s'approvisionner à des sources parfois très éloignées de celles-ci. Les Gallo-Romains édifient des **aqueducs.** Un **aqueduc** est un système de conduites qui, à partir d'une source captée, amène l'eau jusqu'au château d'eau de la ville. Cette eau est ensuite répartie dans les quartiers, jusqu'aux fontaines, aux bâtiments publics. Seules les maisons des habitants les plus riches la reçoivent. Plusieurs **aqueducs** peuvent approvisionner en eau une même agglomération.

Le pont-aqueduc

Le pont-**aqueduc** est une construction en arcades qui permet à la conduite d'eau d'enjamber une vallée. Le « pont du Gard » par exemple, haut de 48,30 m, se compose de trois rangs d'arcades. L'eau circule dans un canal au sommet de l'édifice.

Les thermes de Glanum (Saint-Rémy-de-Provence, Bouches-du-Rhône). On voit les petites piles en partie restaurées d'une salle chaude.

Les thermes

Les plus gros consommateurs d'eau sont certainement les **thermes**, grands établissements de bains publics. Particularité de la culture romaine, les Gallo-Romains ne tardent pas à les adopter. Les gens riches des villes viennent chaque jour y prendre des bains, mais également s'y détendre et rencontrer des amis. Les **thermes** comprennent des salles chaudes, tièdes et froides, des baignoires individuelles, des piscines, des saunas, des salles de gymnastique, de massage, des jardins, parfois aussi une bibliothèque, des boutiques... Les systèmes de chauffage, de distribution et d'évacuation des eaux sont très perfectionnés. La circulation d'air chaud à travers les salles s'effectue par des conduits de briques passant sous le sol. Bien qu'ils soient très coûteux et malgré le tarif médiocre de l'entrée, chaque ville a ses **thermes**.

Maquette restituée des thermes de Glanum.

ESCLAVES ET CITOYENS

La société gallo-romaine est hiérarchisée : de bas en haut on trouve les esclaves, les hommes libres, les citoyens, enfin les magistrats, les sénateurs et les notables.

Stèle de Marcelinus.
L'inscription MARCELINO VENALICIARIO signifie Marcelinus, marchand d'esclaves. C'est un homme riche qui tient dans sa main ses livres de comptes. L'esclavage en Gaule est une activité qui rapporte beaucoup d'argent aux commerçants qui la pratiquent.

Les esclaves

Les esclaves (souvent des prisonniers de guerre) appartiennent à leur maître. Ils n'ont aucun droit, pas même celui de se marier. Certains sont secrétaires, domestiques, professeurs, médecins... La plupart effectuent des travaux pénibles.
Les esclaves peuvent être affranchis par leur maître en récompense du travail fourni. L'affranchi reste toutefois attaché à son maître et n'a aucun droit politique. Seuls ses enfants pourront devenir citoyens.

Les hommes libres

Les petits commerçants et les artisans qui exercent le même métier se regroupent en collèges ou en corporations. Ils peuvent bénéficier de privilèges en échange de services rendus à la **cité**.
Dans la **cité**, on trouve aussi des fonctionnaires chargés de tâches administratives, des ouvriers et du personnel pour l'entretien des lieux publics.

Les citoyens

Les citoyens ont « droit de **cité** », c'est-à-dire qu'ils peuvent posséder de la terre, créer une entreprise ou faire du commerce. Ils ne paient pas de **tribut** et bénéficient d'avantages financiers. Ils ont aussi le droit de se marier, d'être magistrats, de participer à l'administration de la ville.
Les citoyens doivent prendre un nom latin, parler et écrire cette langue. Leurs enfants sont automatiquement citoyens à la naissance.
On peut devenir citoyen romain en témoignant de sa fidélité à Rome ou en s'engageant dans l'armée romaine.

Le mausolée de Glanum (voir p. 10), une des faces du socle. Sur la droite, on voit un combat auquel a participé le héros Julius qui doit son nom à la faveur de César. Sur la gauche, la famille reçoit la nouvelle de ses exploits et sans doute celle de son accès à la citoyenneté romaine : tous portent la toge romaine.

Scène de comptes. Est-ce le paiement de l'impôt ? ou des notables locaux en toge qui viennent retirer de l'argent ?

Magistrats, sénateurs et notables

Les magistrats ont à charge de diriger la **cité.**
Le **Sénat** est une assemblée dont le rôle est celui d'un conseil municipal. Les sénateurs, élus pour cinq ans par les citoyens, sont responsables des impôts dus à l'État romain. Ils peuvent devenir magistrats.
Les notables édifient de grands domaines agricoles à partir de petites propriétés cédées par des paysans endettés. La propriété agricole est un bon placement. Un notable, en s'enrichissant de la sorte, peut confier ses propriétés à d'autres et participer au gouvernement de la **cité.**

DE RICHES DOMAINES AGRICOLES

Les sols fertiles de la Gaule permettent une activité agricole importante et stable. Les Romains vont s'inspirer des techniques des agriculteurs gaulois et édifier d'importants domaines ruraux que l'on désigne sous le nom de villae (villa au singulier).

Vue aérienne des vestiges de la villa de Montmaurin (Haute-Garonne). La villa était le centre d'un vaste domaine agricole d'où le propriétaire tirait ses revenus. Cette demeure comprenait au moins deux cents pièces.

Les villae gallo-romaines

Ce sont de très grands domaines agricoles de plusieurs milliers d'hectares parfois, comprenant une habitation principale où réside le propriétaire et des bâtiments d'exploitation occupés par un régisseur, des esclaves, des ouvriers et des animaux domestiques.

Certaines villae produisent des denrées destinées à l'exportation, d'autres ravitaillent l'armée romaine ou les habitants d'une ville voisine.

Ces villae sont toujours construites sur une terre fertile, à proximité d'un point d'eau ou d'une voie de passage. A l'origine, ce sont les soldats et les chefs des **légions** romaines qui, après la conquête, ont reçu en butin les meilleures terres des propriétaires gaulois et les ont fait fructifier.

Des habitations luxueuses

Quelques villae, comme celle de Montmaurin en Haute-Garonne, sont de véritables palais, immenses et luxueux.

L'habitation principale comporte de nombreuses pièces et des cours intérieures aménagées. Les colonnes qui soutiennent la galerie sont de marbre ; les sols sont recouverts de mosaïques, véritables œuvres d'art, et les murs décorés de magnifiques fresques. Ces villae sont en outre pourvues d'installations de chauffage, de l'eau courante et de **thermes.**

De véritables petits États

Les bâtiments d'exploitation entourant la villa comprennent la grange, les greniers, les écuries, les bergeries..., les ateliers destinés à la production d'outils et d'objets domestiques.

La villa étant isolée, elle doit se suffire à elle-même. Des ouvriers tissent les étoffes, le forgeron confectionne les outils agricoles en fer... Certaines villae ont même leur forge, leur tuilerie, leur fonderie...

Deux des mosaïques trouvées à Saint-Romain-en-Gal (Rhône), IIIe siècle. Elles devaient revêtir le sol ou les murs d'une villa. Elles représentent avec bien d'autres un calendrier agricole où chaque saison est figurée par une activité. En haut : scène de labours et semailles. En bas : la récolte des raisins.

L'essor de l'agriculture et de l'élevage

Les cultures traditionnelles de céréales se développent grâce aux progrès techniques (araires plus lourds, machines à couper les blés...). De nouvelles cultures vont être introduites : la vigne, l'olivier, les arbres fruitiers. L'élevage, compte tenu de la demande accrue des villes, connaît un grand essor. On exporte de la viande fumée et de la laine.

L'ORGANISATION DES CAMPAGNES

En organisant l'espace rural, les Romains ont marqué de leur empreinte le paysage de la France actuelle.

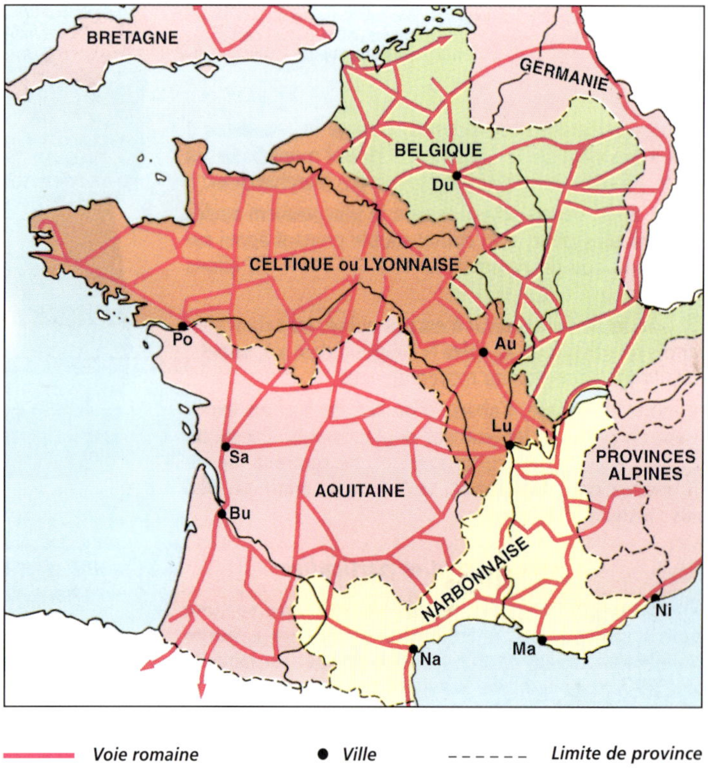

La Gaule romanisée : les voies romaines
Ni : Nicaea *(Nice)*
Ma : Massilia *(Marseille)*
Na : Narbo Martius *(Narbonne)*
Lu : Lugdunum *(Lyon)*
Bu : Burdigala *(Bordeaux)*
Sa : Mediolanum Santonum *(Saintes)*
Au : Augustodunum *(Autun)*
Du : Durocortorum *(Reims)*
Po : Portus Namnetum *(Nantes)*

Les voies romaines

Pour faciliter les échanges et les déplacements des troupes, relier les villes entre elles, les Romains mettent en place tout un réseau de voies et de chemins couvrant l'ensemble de l'**Empire.**
De Lyon, capitale des Gaules, partent des routes dans toutes les directions. On accède facilement à Rome par la voie qui raccorde la vallée du Rhône aux côtes méditerranéennes.
Des routes sont aménagées dans les endroits peu accessibles comme les cols, par exemple les cols des Alpes, passages vers l'Italie du nord. D'autres délimitent les frontières de l'**Empire** romain. Ces voies principales sont à leur tour reliées par tout un réseau de voies secondaires. La plupart du temps en ligne droite, leur tracé est encore visible de nos jours dans plusieurs lieux de France.

Le quadrillage des terres

A la campagne, les Romains procèdent à la « centuriation » des terres : ils divisent celles-ci en lots carrés ou rectangulaires de superficie égale, les centuries, sur lesquels l'État prélève un impôt. A l'intérieur d'un lot, ne doit être pratiquée qu'une seule culture. La centuriation est le premier exemple d'établissement d'un **cadastre** sur le sol de la France actuelle.

Une des plaques du cadastre d'Orange (on a retrouvé 415 plaques de marbre à Orange, qui sont des fragments du plan cadastral établi vers 70). Sur cette plaque on peut voir, au centre, le tracé d'un cours d'eau qui entoure une île ; de part et d'autre de ce cours d'eau, des lignes obliques représentent des voies romaines.

Naissance des bourgs

Le territoire de la villa est divisé en deux parties. Les meilleures terres sont réservées au maître du domaine. Les plus mauvaises sont louées par le propriétaire à des fermiers, moyennant une redevance payable en argent ou en nature. Ceux-ci vivent dans de modestes demeures isolées, ou sont regroupés dans des hameaux, les *vici.* Dans ces *vici,* situés à un carrefour de routes, près d'une voie navigable ou d'un pont, s'installent aussi des commerçants et des artisans. Véritables lieux d'échanges commerciaux, ils se dotent d'un marché, d'un sanctuaire, d'un théâtre..., constituant ainsi de véritables petits bourgs.

Page de gauche : une voie romaine à Ambrussum (Villetelle, Hérault). C'est une voie dallée. La terre battue et le gravier tassé sont les matériaux de base de la majorité des routes.

Sculpture provenant de Vaison-la-Romaine (Vaucluse). Elle représente une scène de voyage en char à quatre roues, sorte de berline très employée pour transporter des passagers et les courriers de la poste impériale.

DES OBJETS FABRIQUÉS EN SÉRIE

La découverte de nombreux ateliers de potiers témoigne d'une production quasi industrielle qui commence avant la conquête romaine et prend son plein essor à l'époque gallo-romaine.

Coupe d'un four dans lequel cuisent des figurines en terre blanche. Celles-ci ne sont pas en contact direct avec le feu, sinon elles casseraient.

Des « services de table »

Sur le site archéologique de La Graufesenque, dans l'Aveyron, ont été retrouvés des restes d'ateliers de potiers. On y fabriquait essentiellement de la vaisselle de table que l'on acheminait vers toutes les provinces de l'**Empire** romain.

Au Ier siècle de notre ère, plus de quatre cents potiers travaillent à La Graufesenque. Un four de 7 mètres de haut a été découvert. Il pouvait contenir environ 30 000 vases.

Des ateliers de céramique s'implantent aussi à Lyon, ainsi qu'à Lezoux dans le Puy-de-Dôme. Remplaçant les anciens centres de production italiens, ils constituent une source de richesses non négligeable pour ces régions.

Deux céramiques sigillées retrouvées à La Graufesenque (près de Millau, Aveyron), Ier siècle. Poterie à l'aspect vernissé très répandue en Gaule du Ier au IIIe siècle.

Des amphores

Au cœur de la Narbonnaise, à Sallèles-d'Aude (Aude), un important ensemble d'ateliers datant de la fin du Ier siècle a été mis au jour. Il semble s'être spécialisé dans la fabrication d'amphores destinées à contenir le vin et l'huile. Cette production est liée au développement de la culture de la vigne et de l'olivier dans cette région et au succès que connaît le vin gaulois dans l'ensemble de l'**Empire.**

Le complexe de Sallèles regroupait, outre les carrières d'argile, des bassins de décantation (pour le filtrage de l'argile), des ateliers de tournage, des aires de séchage, enfin des fours de cuisson. Dans ces derniers, on pouvait empiler de 600 à 1 000 amphores par fournée.

Des amphores gauloises ont été retrouvées en Italie, en Grande-Bretagne, sur la frontière du Danube et autour de la Méditerranée.

Trente-trois centres de production de céramique ont ainsi été recensés sur l'ensemble de la Gaule, à proximité de voies de communication terrestres et fluviales. Ils témoignent d'une activité économique importante.

Une amphore vinaire : elle permettait de transporter jusqu'à 30 litres de vin.

Déesse-Mère allaitant (Vichy, Allier), Ier-IIe siècle. Les ateliers de terre blanche de l'Allier sont aussi renommés que ceux des céramiques sigillées du centre de la Gaule. Ils se sont spécialisés dans la fabrication des figurines en terre blanche moulées.

UNE MULTITUDE DE DIEUX

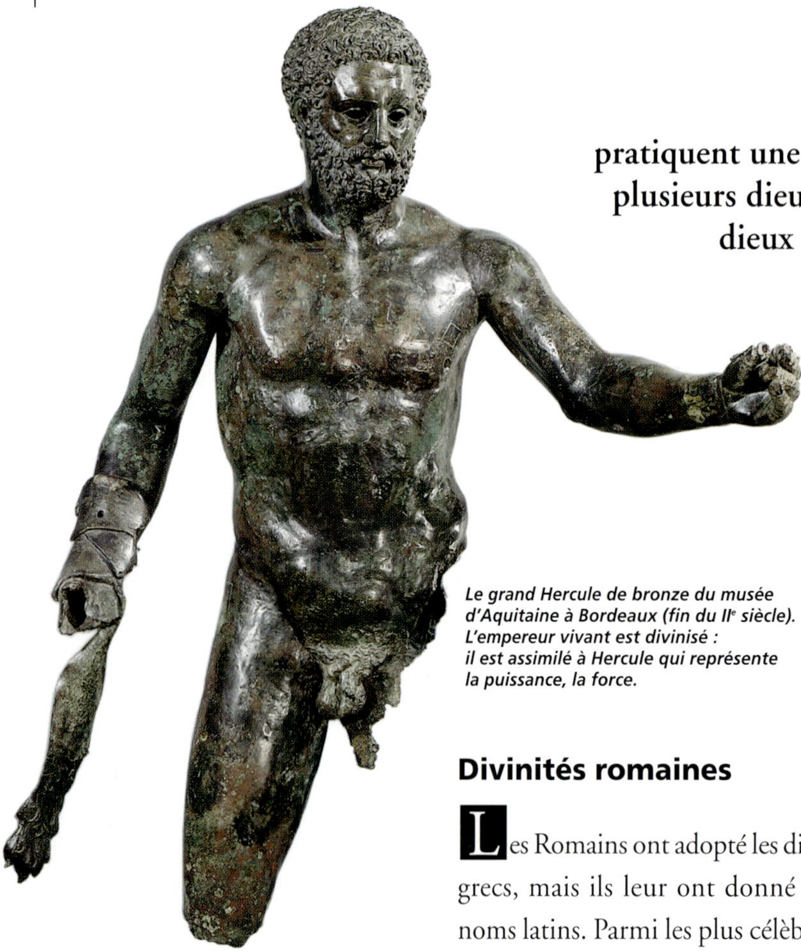

Les Romains, comme les Gaulois, pratiquent une religion polythéiste : ils honorent plusieurs dieux. Dans la religion gallo-romaine, dieux romains et gaulois sont mélangés.

Le grand Hercule de bronze du musée d'Aquitaine à Bordeaux (fin du IIe siècle). L'empereur vivant est divinisé : il est assimilé à Hercule qui représente la puissance, la force.

Le « Jupiter tonnant » du sanctuaire de Vieil-Evreux dans l'Eure. Statue de bronze haute de 0,98 m. Il tient dans sa main gauche un attribut, le foudre.

Le culte de l'empereur

Lorsqu'Auguste arrive au pouvoir, il se fait nommer chef religieux (*Augustus* signifie en latin celui qui est « béni » par les dieux, investi du pouvoir suprême grâce à la bienveillance des dieux). Après la conquête, les Romains établissent en Gaule le culte de l'**empereur** et, avec lui, celui de Rome.

Divinités romaines

Les Romains ont adopté les dieux grecs, mais ils leur ont donné des noms latins. Parmi les plus célèbres, citons Jupiter, roi et père des dieux, Junon, son épouse, Minerve, patronne des Artisans, Mars, dieu de la Guerre... Le culte de Bacchus, dieu de la Vigne et du Vin, se répand en Gaule, pays vinicole.

La religion romaine comporte des rites de purification pour s'assurer les faveurs des dieux.

Les Romains tentent d'imposer leurs dieux propres, mais tolèrent le maintien de rites et de croyances déjà en place.

La survivance des rites gaulois

L'ensemble du peuple gaulois pratique toujours le culte de la Terre-Mère ou celui de la Nature. Les Gaulois continuent à croire à leurs dieux hommes-animaux, à la réincarnation et redoutent encore les puissances de l'au-delà symbolisées par les forces naturelles (soleil, orage...).

Dieux romains et gaulois sont étroitement mêlés. A côté de dieux importants comme le dieu au Maillet, Silvanus, ou la déesse des Écuries, Épona, on trouve une foule de petits dieux. Les divinités féminines, mères et nourrices, sont très nombreuses, représentées sous forme de statuettes en terre cuite.

Une Minerve, figurine en terre blanche trouvée dans l'Allier. Le bouclier repose à terre. La tête de la Gorgone est posée sur sa poitrine.

Épona. Cette statuette du IIe-IIIe siècle représente la déesse des Écuries, des Routes, des Relais. Elle veillait sur les élevages, les cavaliers et les attelages. On la représentait assise en amazone, sur un cheval au pas.

D'autres cultes

Dans certaines régions de Gaule, on pratique des cultes venus d'Orient : celui de Mithra, dieu du Soleil ; celui de Cybèle, déesse de la Fertilité, pour laquelle on sacrifie un taureau ou un bélier. Le sang de l'animal, dont le prêtre asperge le fidèle, purifie ce dernier et lui laisse espérer une longue vie terrestre ainsi que l'accès à la vie éternelle.

Dans les provinces se maintiennent d'autres cultes locaux avant que n'apparaisse une nouvelle religion, le christianisme.

Scène de sacrifice gallo-romain d'un taureau. Bas-relief.

UNE NOUVELLE RELIGION, UN SEUL DIEU

Le début de notre ère est marqué par la naissance de Jésus-Christ. Celui-ci révèle une nouvelle religion, le christianisme, qui n'admet qu'un seul Dieu. Ce n'est que très lentement que le christianisme s'est répandu, à partir de la Palestine.

Le baptistère de Fréjus (Var). Fin du IVe siècle ou début du Ve. Au centre, la cuve dans laquelle avait lieu l'immersion des gens (souvent des adultes) que l'on baptisait.

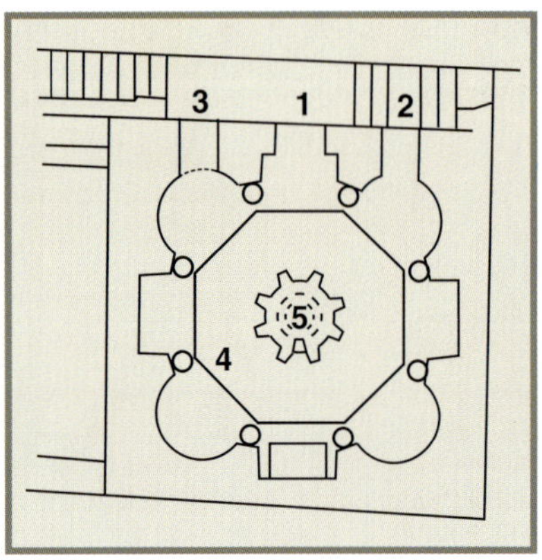

Plan du baptistère de Fréjus
1. Grille d'accès
2. Porte basse par laquelle entraient les catéchumènes.
3. Porte haute par laquelle sortaient les nouveaux chrétiens baptisés.
4. Petit bassin dans lequel l'évêque lavait les pieds du catéchumène pour le baptiser.
5. Cuve dans laquelle on immergeait le catéchumène pour le baptiser.

Les débuts du christianisme

Malgré les persécutions des premiers chrétiens qui devaient pratiquer leur culte en cachette, le christianisme arrive à s'imposer dans l'**Empire** romain.

En 313, Constantin Ier signe l'édit de Milan qui accorde la liberté de culte aux chrétiens. Mais le christianisme ne devient religion officielle de l'**Empire** qu'en 376. Les cultes païens sont alors interdits.

Sarcophage de la crypte Saint-Victor à Marseille (fin IVe siècle). Bas-relief représentant le Christ trônant entre ses disciples.

Organisation de l'Église catholique

A partir de 313, l'Église catholique s'organise librement dans le monde romain. Elle a à sa tête le pape, chef religieux suprême. Chaque ville a son évêque, ses églises et ses cathédrales. Les évêques, élus par le clergé et le peuple, se réunissent en conciles pour discuter les questions de dogme, de morale ou pour régler des conflits.

Au IVe siècle, la communauté chrétienne s'étend encore davantage. Les baptêmes se multiplient. Des pèlerins se mettent en route pour Rome ou Jérusalem. Des échanges d'hommes et d'idées favorisent cette expansion. Des écrits des Pères de l'Église circulent partout. Des évêques comme saint Martin (316-397) ou saint Augustin (354-430) contribuent beaucoup à répandre la doctrine chrétienne.

La christianisation des campagnes

Saint Martin était un officier romain. Après s'être converti au christianisme, il est ordonné prêtre. Élu évêque de Tours en 371, il veut étendre l'influence du christianisme : pour évangéliser les campagnes, il fonde des paroisses dans les villae.

Moines et monastères

Les chrétiens éprouvent le besoin de s'isoler du monde pour mieux se consacrer à la prière et à la méditation. Certains vivent seuls, en ermites. D'autres se regroupent en communautés : on les appelle des moines.

C'est ainsi qu'au IVe siècle, apparaissent en Gaule les premiers monastères. Ce sont des lieux austères où l'on observe des règles de vie très strictes. La journée est consacrée à la prière et au travail. Les moines pratiquent le jeûne, c'est-à-dire la privation de nourriture à certaines périodes de l'année.

Saint Martin a fondé le monastère de Ligugé, près de Poitiers, en 361. Quelques années plus tard, il en a fondé un autre près de Tours.

L'auteur le plus lu parmi les Pères de l'Église : saint Augustin (354-430). Miniature d'un manuscrit de l'abbaye de Marchiennes (Nord).

LANGUE CELTE ET LATIN

En Gaule, avant la conquête romaine, la langue officielle est le celte (ou gaulois), après la conquête, le latin. Si ces deux langues ont disparu, elles ont néanmoins influencé la langue française.

Ce qu'il reste de la langue celte

La langue celte (ou gauloise) est uniquement orale, ce qui explique sa disparition. Une soixantaine seulement de mots d'origine celte concernant le monde rural sont parvenus jusqu'à nous : bruyère, alouette, mouton, claie, bouleau, if, sapin, chêne, lande, druide, lieue...

La langue celte nous est cependant connue grâce à la toponymie, c'est-à-dire à l'étude des noms de lieux. Beaucoup de noms de villes de la France actuelle ont pour origine des noms de peuples gaulois. Paris vient des *Parisii,* Reims des *Remi,* Cahors des *Cadurci...* D'autres noms de villes sont formés à partir de mots gaulois : ainsi Auxerre vient de *Autisiodunum* (la forteresse d'*Autessias, dunum* signifiant en gaulois « forteresse »), Nanterre vient de *Nemetodunum* (le sanctuaire forteresse).

Bas-relief de Neumagen (Trèves) représentant une scène d'enseignement. Un maître parle devant des élèves qui déplient des rouleaux de papyrus ou de parchemin. Dans les écoles romaines en Gaule, les enfants d'aristocrates apprennent à lire, écrire et parler un latin très pur.

Page de gauche : bouclier en marbre que le Sénat offre à Auguste, l'empereur des Romains, en 26 av. J.-C. Ce bel objet a été trouvé dans les cryptoportiques d'Arles. Ce texte célèbre écrit en latin sur le bouclier commence par ces mots : SENATUS POPULUSQUE ROMANUS... *(Le Sénat et le peuple romain...).*

Le latin écrit et parlé

Après la conquête, tous les documents administratifs sont rédigés en latin, langue parlée et écrite par le peuple romain. L'aristocratie gauloise, désirant vivre à la romaine, adopte cette langue. Dans les écoles romaines, les jeunes nobles gaulois apprennent un latin très pur.

Mais l'ensemble du peuple gaulois parle sans doute un mélange de latin et de celte, ce dernier étant la langue utilisée en famille. Le celte disparaît au VIe siècle, tandis que le latin devient la langue commune à tous les chrétiens après la chute de l'**Empire.**

Les mots celtes très différents du latin ont en grande partie disparu. Ceux ressemblant au latin ont modifié leur terminaison et pris une forme mixte, c'est-à-dire un mélange des deux langues. Ainsi des noms de lieux ont une origine mixte : Autun vient du mot *Augustodunum* (la forteresse d'Auguste).

LE DÉCLIN DE LA GAULE

L'Empire romain, au Ier siècle de notre ère, couvre l'ensemble des pays autour de la Méditerranée et une grande partie de l'Europe. Il doit sans cesse faire face aux tentatives d'invasion des Barbares, populations n'appartenant pas à l'Empire.

Solidus : sou d'or. Il est la grande innovation de Constantin Ier.

Les successeurs d'Auguste

Les successeurs d'Auguste réunissent en leurs mains tous les pouvoirs. Légalement, l'**empereur** devrait être choisi par le **Sénat,** assemblée représentant les citoyens romains. Mais en fait, bien des **empereurs** sont imposés par l'armée. Au IIIe siècle, celle-ci devient leur principal appui, mais c'est elle aussi qui a la possibilité de les renverser. Nombreux sont ceux qui meurent assassinés.

Premières invasions

Malgré l'établissement d'une zone frontière fortifiée entre Danube et Rhin, les Germains installés dans cette région réussissent à pénétrer en Gaule en 169-170. Ils pillent et saccagent tout sur leur passage.

A partir de 259-260, des Francs et des Alamans, peuples germaniques, pénètrent en Gaule, à la recherche de territoires où s'installer.

Le « restaurateur des Gaules »

En 259, l'**empereur** Valérien est fait prisonnier par les Perses. Ses successeurs ne réussissent pas à rétablir leur pouvoir sur tout l'**Empire.** Pendant une quinzaine d'années se succèdent à l'Ouest des chefs militaires qui se font proclamer **empereur** par leurs troupes. Le premier, Postumus, établit son autorité sur la Gaule, la Bretagne et l'Espagne. Il prend le titre de « restaurateur des Gaules ». Il organise la défense de la frontière sur le Rhin.

En 273, l'**empereur** Aurélien rétablit l'ordre en Orient et en Italie et reprend le pouvoir en Gaule. Cependant, deux ans plus tard, il ne réussit pas à s'opposer à de nouvelles incursions des Alamans et des Francs. A la fin du IIIe siècle, la Gaule, dépeuplée, ne fournit plus assez d'hommes pour servir l'armée ou pour cultiver la terre.

L'abandon des terres agricoles

Beaucoup de paysans périssent lors des invasions, sont victimes du brigandage, de malnutrition, des épidémies. Les paysans ruinés s'enfuient, ne pouvant s'acquitter de leurs dettes. Devenus eux-mêmes bandits de grand chemin, ils saccagent les campagnes.

***AURÉUS** : ces premières pièces en or apparurent sous la dictature de César. Frappées régulièrement sous l'Empire, elles disparaîtront avec Constantin.*

Une monnaie d'or frappée en 261 par Postumus, proclamé empereur à Cologne. Cette face représente un profil d'homme coiffé de lauriers.

Le déclin des villes

La ville gallo-romaine a perdu de sa prestance. Elle n'est plus que ruines. La plupart des monuments sont détruits. Leurs pierres servent à édifier des fortifications. Pour mieux défendre les villes, on réduit leur superficie : on en fait des sortes de camps fortifiés appelés *castrum.* Les populations rurales s'y réfugient, tandis que les riches propriétaires préfèrent s'installer à la campagne dans leurs villae qu'ils fortifient également.

LA FIN DE L'EMPIRE ROMAIN D'OCCIDENT

Au cours du IVe siècle, la situation de l'Empire s'améliore. Les empereurs cherchent des solutions nouvelles pour gouverner leur immense Empire et résister à la poussée des Barbares.

Vue aérienne du fortin de Jublains (Mayenne). A la fin du IIIe siècle ou au début du IVe, on l'entoure d'une enceinte et de douze tours. Il servait à assurer la surveillance et la protection des populations voisines en ces périodes troubles.

Quatre empereurs à la fois

Dioclétien, **empereur** de 284 à 305, entreprend des réformes. Il regroupe les provinces en diocèses. Tout en gardant l'autorité suprême, il associe à son pouvoir trois autres « **empereurs** ». Ce système de gouvernement à quatre permet de remporter des batailles sur toutes les frontières. La « paix romaine » est rétablie.

Une seconde capitale

A partir de 325, Constantin Ier règne seul. Il renforce et réorganise l'armée. Il met en circulation une monnaie stable et réforme le système des impôts. Il reconnaît le christianisme comme religion d'État. En 330, il installe la capitale de l'**Empire** dans une ville qu'il vient de créer : Constantinople, la « deuxième Rome ».

Une agriculture au service des plus riches

Au IVe siècle, l'État s'emploie à relancer l'agriculture. Il redistribue les terres abandonnées en les cédant à ceux qui les remettent en culture. De grands propriétaires en profitent pour agrandir leur domaine.
L'agriculture est maintenant la principale source de richesses et permet de subvenir largement aux besoins alimentaires des armées.
On cherche aussi à perfectionner les techniques en faisant appel à des agronomes. Les cultures sont diversifiées. Celle de la vigne se développe, car la vente du vin rapporte des revenus importants. La production des jardins potagers permet de varier la nourriture.
L'usage de machines comme les moulins à eau pour moudre le blé favorise un plus grand rendement avec un minimum de main-d'œuvre.

Le partage de l'Empire

Après la mort de Constantin, l'**Empire** est plusieurs fois divisé. Le partage devient définitif en 395 ; une ligne Nord-Sud sépare désormais l'**Empire** en deux : à l'Ouest, l'**Empire** d'Occident garde Rome comme capitale ; à l'Est, Constantinople devient la capitale de l'**Empire** romain d'Orient.
La Gaule fait désormais partie de l'**Empire** romain d'Occident.

La meunerie de Barbegal (près d'Arles, Bouches-du-Rhône). Schéma des seize moulins construits en deux séries parallèles et alimentés par l'eau d'un aqueduc. Elle pouvait fournir 28 tonnes de farine par jour. C'étaient les terres céréalières très fertiles des environs qui procuraient les grains. Dessin de Bernard Nicolas.

La fin de l'Empire romain d'Occident

Au Ve siècle, les « grandes invasions » ravagent la Gaule.
Cette fois, l'**Empire** romain d'Occident n'y résistera pas : il disparaîtra en 476.

Les vestiges de la meunerie : la date de ce grand ensemble reste indéterminée (fin du IIIe siècle).

INDEX

LEXIQUE

Aqueduc : canal qui conduit l'eau d'une source à l'endroit où elle est utilisée. Les aqueducs romains ont, le plus souvent, un caractère monumental : afin que la pente soit régulière, tantôt le canal est aménagé au sommet d'un talus ou d'un pont à arcades, tantôt il entaille une colline.

Barbares : le mot latin *Barbari* (au pluriel) désigne les peuples étrangers par rapport aux Romains. Les Barbares vivent à l'extérieur de l'Empire. Après les invasions, qui se sont accompagnées d'actions violentes et de massacres, le mot a servi pour désigner des hommes cruels.

Cadastre : registre sur lequel sont inscrites les propriétés (terres et bâtiments). Un cadastre, décidé par César et terminé sous Auguste, a permis d'organiser la perception de l'impôt.

Cité : ville considérée comme une personne morale. Rome et les grandes villes de l'Empire romain bénéficiaient du « droit de cité », c'est-à-dire, pour leurs habitants, d'un certain nombre d'avantages.

Empereur : chef de toutes les forces militaires. C'est à lui que les soldats prêtent serment. A partir d'Auguste, ce général suprême réunit entre ses mains tous les pouvoirs de l'État.

Empire : État romain et ensemble des territoires qui sont sous sa domination. La capitale de l'Empire est Rome. L'Italie est divisée en régions et jouit en principe de droits particuliers. Les pays conquis sont divisés en provinces.

Gladiateur : homme qui, dans les jeux du cirque, combat un autre homme ou une bête féroce. Volontaire engagé par contrat c'est, le plus souvent, un esclave loué comme homme de main par un riche citoyen. Les combats de gladiateurs sont des spectacles sanglants qui se terminent presque toujours par une mort d'homme, sur ordre de l'empereur. Celui-ci a cependant le droit de faire grâce à un gladiateur courageux : dans ce cas, il le signifie en levant le pouce.

Légion : corps de l'armée romaine composé de fantassins combattant à pied et de cavaliers. Le recrutement des légions se fait surtout parmi les habitants des provinces qui y trouvent des avantages : ils deviennent citoyens et reçoivent une solde importante. A la fin de leur service, ils ont droit à une retraite (somme d'argent ou portion de terrain).

Sénat : ensemble de six cents citoyens choisis par l'empereur au sein de l'ordre des citoyens les plus riches. En principe, le Sénat représente le peuple romain : il fait les lois et crée les magistrats. Mais il n'a aucun pouvoir réel et ne peut s'opposer à la politique de l'empereur.

Théâtre : lieu de spectacles composé d'une scène entourée de gradins semi-circulaires. Des théâtres temporaires en bois étaient construits à l'occasion des fêtes publiques. En Gaule, des théâtres ont été élevés en grand nombre, mais quelques-uns seulement étaient en pierre.

Thermes : établissement de bains publics. Le mot latin *thermæ* signifie « bains chauds ». Sous l'Empire, les thermes se multiplient à Rome et dans les villes de province. Chaque jour, le citoyen romain se rend aux thermes.

Toge : vêtement drapé fait d'une pièce d'étoffe sans coutures. Un citoyen d'un ordre supérieur donne une toge à ses « clients » pour qu'ils se présentent habillés correctement devant lui.

Tribut : somme d'argent payée par un vaincu à son vainqueur ou impôt dû à l'État. A l'origine, le citoyen romain ne payait aucun impôt. Mais, par la suite, il a dû verser un tribut pour participer à l'organisation de l'armée. Sous l'Empire, le tribut prend la forme de deux impôts directs, l'un qui frappe les individus, l'autre qui est un prélèvement sur la propriété et les revenus de la terre.

Photographies : **CNRS/**A. Chéné-Reveillac : p. 2 (en haut), 10 (en bas), 12 (en haut), 13 (en haut) ; /Chéné-Foliot : p. 13 (en bas), 19 (en haut), 21 (en bas), 31 (en bas) ; /IAM-CNRS Aix-en-Provence : p. 25 (en haut) - **G. DAGLI-ORTI :** p. 3, 4, 15 (en bas) - **ÉDIMÉDIA :** p. 5 (en bas) - **ARTEPHOT/**Nimatallah : p. 6 (à gauche) ; /Silvio FIORE : p. 11 (en bas) - **Caisse nationale des monuments historiques et des sites :** p. 7 - **Éditions ERRANCE :** p. 8 - **RAPHO/**G. Sioen : p. 9 (en bas) - **G. DELOBBE :** p. 9 (en haut), 11 (en haut à droite), 12 (en bas), 15 (en haut), 18 (en bas) - **EXPLORER/**A. Wolf : p. 10 (en haut) - **Musées de Metz/**Cliché La cour d'Or : p. 14 - **Jean DIEUZAIDE :** p. 16 - **GIRAUDON :** p. 17 (en haut) ; /Lauros : p. 27 - **RMN/**Jean SCHORMANS : p. 17 (en bas) ; /D. S. : p 20 ; /G. Blot : p. 23 (en haut) - **Musée Calvet, Avignon :** p. 19 (en bas), 23 (en bas) - **Marie-Line PELLATON :** p. 21 (en haut), 22 (en bas à gauche) - **Musée d'Aquitaine, Bordeaux, tous droits réservés :** p. 22 (en haut) - **F. GOALEC :** p. 24 (en bas) - **Bibliothèque municipale de Douai/**Daniel Lefebvre : p. 25 (en bas) - **Musée REATTU/**M. Lacanaud : p. 26 - **Photothèque Sabine BOURGEY :** p. 28, 29 - **Conseil général de la Mayenne/**Musée archéologique de Jublains : p. 30 - **Musée d'Evreux :** p. 22 (en bas à droite).
Dessins : Bernard NICOLAS (p. 2 en bas, 4-5, 20 en haut, 31 en haut). ***Carte :*** Christiane FRANCHETTI (p. 18) - Marie SIANO (p. 6).
Recherche iconographique : Christiane FRANCHETTI.
Correctrices : Élizabeth ANFOSSO, Anifa SAUVADET.
Conception graphique : SARBACANE.
Maquette et photogravure : Marie SIANO - ***Maquette de la couverture :*** SARBACANE.